Leitfaden zur Inneren Kind Heilung

Ängste in uns zu heilen ist ein Gebiet, welches hauptsächlich zur „Inneren Kind Arbeit" gehört und eines der wichtigsten Themen, mit denen wir uns im Laufe unseres Lebens beschäftigen dürfen.

Oft spielen auch Karma Themen auch eine Rolle und das Verstehen um die eigenen Bedürfnisse zu lernen.

Dazu dürfen wir uns auch mit einigen „Bewusstseinsthemen" auseinander setzen.

In diesem Buch zeige ich dir ein Paar meiner Ängste auf und wie ich es geschafft habe, diese erfolgreich zu heilen und damit ab zu schließen.

Ich kann dir aus eigener Erfahrung sagen, dass dies etwas Mut erfordert und zwar, den Mut auf sich selbst zu schauen und seinen Schattenseiten Raum zu geben. Keiner findet es toll in seinen schmerzhaften Erinnerungen zu kramen, aber das tröstliche dabei ist, dass wir damit nicht allein sind, denn jeder Mensch kommt einmal in seinem Leben an diesen Punkt, wo er seine Vergangenheit reflektieren darf und somit haben wir alle das gleiche Ziel.

Was mir in dieser Zeit auch aufgefallen war, ist die Tatsache, dass sehr viele Kinder und Jugendliche auch in diesen Prozessen steckten.

Kann denn ein Kind schon so viel erlebt haben, dass es sein Leben reflektieren muss?

Die erstaunliche Antwort darauf ist „Ja".

Es ist egal in welchem Alter man diesen Heilungsprozess beginnt.

Viele Kinder und Jugendliche haben tiefgreifende Erfahrungen gemacht, die oft auf ein früheres Leben zurück zu führen sind.

Aber genauso ist es bei uns älteren auch.

Innere Kind Themen können so vielfältig sein und oftmals wissen wir gar nicht, wo sie her kommen, bis wir uns diesen widmen und sie bereinigen.

Ich möchte dir mit diesem Buch dabei helfen, deine „Inneren Kind Themen" zu bearbeiten, zu verarbeiten und dir eine sorgenfreie Welt auf zu bauen.

Bist du bereit?

Dann fangen wir jetzt damit an.

Was ist denn „das innere Kind" und was hat es für eine Aufgabe?

Das innere Kind kannst du dir so vorstellen, wie ein kleines Samenkorn, welches in deinem Herzen weich eingebettet schläft.

An dem Tag, an dem du geboren wurdest, bekam es den ersten Tropfen Wasser, um sich zu nähren.

Im Laufe deines Lebens lernte es Sturm, Sonne, Hagel, Schnee, Eiszeit, Vulkanausbrüche und so weiter kennen.

Dieses kleine Samenkorn wuchs trotz aller Widrigkeiten zu einem kleinen Pflänzchen heran.

Aber die Erlebnisse haben auch ein paar Spuren hinterlassen.

Ein Blättchen ist geknickt, auf einem anderen sich Löcher als Spuren von dem Hagel und vielleicht hat sich auch ein kleines Insekt auf dem zarten Pflänzchen nieder gelassen.

Du siehst, dein zartes, kleines Pflänzchen, welches du bist, hat schon viele Dinge mit gemacht und einige Schrammen davon getragen.

Aber nun wollen wir, dass das kleine Pflänzchen zu einer großen, schönen und starken Pflanze heran wächst und so braucht es sauberes Wasser, etwas Dünger, viel Sonne, Liebe und den ein oder anderen Verband, um wieder zu heilen.

Die Blätter, welche rechts am Stängel wachsen repräsentieren deine weibliche Seite, die die Eigenschaften von Mitgefühl, Herzlichkeit, Sensibilität und Sanftheit wieder spiegelt.

Die Blätter, welche an der linken Seite des Stängels wachsen repräsentieren deine männlichen Eigenschaften, welche dem Verstand, der Logik, des Denkens und des Handelns zugesprochen werden.

Dein Pflänzchen braucht beide Teile, um vollständig und gesund erblühen zu können und deshalb müssen wir beide Teile in uns erkennen und annehmen, um sie heilen und zusammensetzen zu können.

Und dazu musst du dir einigen Fragen stellen und sie für dich beantworten.

Was sind meine Ängste?

Zum Beispiel: Verlustängste, Versagensängste, Angst vor Nähe, Angst vor Ablehnung, Angst vor den eigenen Bedürfnissen, Angst davor, von anderen verspottet zu werden, wenn man sich authentisch zeigt, Angst vor körperlicher- oder psychischer Gewalt und so weiter…

Welche Gefühle haben sich in deiner Kindheit in dir breit gemacht?

Wut, Eifersucht, Neid, Scham, Traurigkeit, Verrat, usw.…

Wo hast du dich missverstanden und ungeliebt gefühlt?

„Mir hört doch eh keiner zu", „Immer wenn ich ein Problem habe ich keiner da", Gibt es überhaupt jemanden, der für mich da ist", „Warum ist keiner da, wenn ich mal reden will", „Du machst immer alles falsch" usw.…

Welche Ereignisse haben dich verzweifeln lassen?

„Ich bin nicht gut genug" (Sport, Schule…),
„Ich kann das nicht" (Ich bin zu klein dafür…),
„Mir wurde gesagt, ich darf das nicht" („Andere Kinder sind dreckig",
„Die Küche ist kein Platz für Kinder"…),
„Das schickt sich nicht" (Mädchen/Jungs tun so was nicht", „Das ist nur etwas für"…) usw.…

Hast du einen geliebten Menschen oder ein Tier verloren?

Haustier, Eltern, Urgroßeltern, Fehlte dir von Anfang an ein Vater oder eine Mutter, Geschwister, Verlust von Freunden usw.…

Was haben deine Mitmenschen dir immer versucht glaubhaft zu machen?

- „Geld muss man sich hart verdienen"
- „Wir haben nicht genug"
- „Freunde? Die wollen doch alle nur dein Geld"
- „Du bist so viel Wert, wie dass, was du an Geld verdienst"
- „Du bist anders, als die anderen Kinder
- „Du brauchst keine Freunde"
- „Du wirst nur etwas, wenn du gute Noten schreibst"
- „Das Leben ist bescheiden und dann ist man tot"
- „Du musst ein Schwein sein, in dieser Welt, sonst kommst du zu nichts"
- „Wenn du dein Gemüse nicht ausisst, dann"
- „Wenn du nicht leib bist, wirst du später keinen Mann finden"
- „Wenn du nicht fleißig bist, wird dich keine Frau haben wollen"… usw.

Welche Situationen haben Wut, Trauer, Angst, Scham, Hass, Groll, Verzweiflung, Ohnmachtsgefühle, Opfergefühle, Tätergefühle in dir ausgelöst?

Der Verlust eines lieben Menschen, die räumliche Trennung von Freunden, die Scheidung der Eltern, musstest du in deiner Kindheit schon arbeiten… usw.

Wie alt warst du, als du eines dieser Gefühle an eine Situation gekoppelt hast?

Die meisten Menschen erinnern sich „bewusst" erst an die Zeiten nach ihrem siebten Lebensjahr, aber jedes Wort und jede Situation, die du vor dieser Zeit im Gedächtnis hast, ist oft ein gravierenderes Ereignis, welches sich in dir manifestiert hat. Achte auf jede Kleinigkeit, die dir einfällt.

Alles ab deinem siebten Lebensjahr spielt aber auch eine große Rolle, denn Falsche Glaubenssätze und alles, was in das „innere Kind Thema" mit rein spielt, kann sich bis zu deinem jetzigen Lebensjahr aufgebaut haben.
Dies spiegelt sich meist in Beziehungen und in der allgemeinen Lebenssituation wieder.

Kannst du das Gefühl von Eifersucht?

Eifersucht ist ein Gefühl, welches sich aus Verlustängsten entwickelt.

Hast du manchmal das Gefühl alles kontrollieren zu wollen?

Kontrollverlust ist eine Angst, die durch das Gefühl des Mangels und der Verlassenheit entstehen kann.

Hast du Angst davor, Kontrolle ab zu geben oder gar ganz zu verlieren?

Wurdest du in deinem Leben schon einmal von einem geliebten Menschen oder Tier verlassen?
Fehlte es die an irgendetwas?
Haben dir deine Mitmenschen vertraut?

Hast du Angst vor dem allein sein?

Wenn du einige Zeit lang allein bist, fühlst du dich dann allein?
Brauchst du andere Menschen um dich herum?
Was empfindest du, wenn du mal eine Woche keine anderen Menschen um dich herum hast?

Kennst du die Versagensangst oder den Gedanken dich selbst als ein Versager in manchen Situationen zu sehen?

Glaubst du daran, dass die alles in deinem Leben gelingen kann und dass das Leben immer für dich sorgen wird?
Hattest du schon einmal ein Erlebnis, wo du etwas nicht geschafft hast, was du schaffen wolltest?
Wurdest du dafür getadelt oder hast dich selbst dafür verurteilt?

Hast du manchmal das Gefühl, dass dir der Boden unter den Füßen weg gleitet?

„Ich schaffe das nicht",
„Das ist mir zu viel",
„Ich weiß nicht, wie…"   usw.

Dies sind nur ein paar Kleinigkeiten, die innere Kind Themen wieder spiegeln können.
Beantworte für dich selbst diese Fragen und schäme dich nicht für deine Gefühle.
Diese wollen gesehen und angenommen werden.
Mache dir Notizen und sein denen Gefühlen gegenüber aufmerksam.
Sie gehören zu dir und zu deiner Persönlichkeit.

Was war der Auslöser dafür?

Ganz einfach.
Falsche Glaubenssätze, die wir in unserer Kindheit schon beigebracht bekommen haben, die Gefühle, welches sich dadurch entwickelt haben, die Ereignisse, die wir nicht verstehen konnten oder nicht verstehen „durften" und die bis zur jetzigen Zeitpunkt in uns wohnen und nun verändert werden möchten.

Kennst du diesen Spruch nicht auch?

- Wenn du dies oder das nicht tust, dann…
- Wenn du nicht aufisst, gibt es morgen schlechtes Wetter.
- Ich kann dich nur lieb haben, wenn du lieb bist.
- Aus dir wird nur was werden, wenn du fleißig bist.
- Aus dir wird nur etwas, wenn du ordentlich isst, lernst, arbeitest, fleißig bist… diese Rotze hat schon einen Brat bis zum Mond und zurück…
- Das Leben ist beschissen und dann stirbt man.
- Nur böse Menschen kommen weiter.
- Reiche Menschen sind immer Gauner.
- Und so weiter…

Wie du vielleicht beim lesen dieser Sätze schon merktest, ist das meiste echt zum Schmunzeln, aber in unserer Kindheit waren diese Sätze für uns Real, weil sie uns von unseren Angehörigen, Eltern, Lehrern beigebracht bekommen haben und diese waren für uns bindend.

Aber auch die Gefühle, die sich durch diese falschen Glaubenssätze und durch unsere Erlebnisse in uns manifestiert hatten, sind für unsere Weiterentwicklung weder dienlich, noch richtig.

Sie sind die Kamellen der Vergangenheit, die nun ihren „Frieden" finden wollen.

Was sind meine Gedanken darüber?

- Sind alle Männer, alle Frauen gleich?
- Sind reichen Menschen immer geizig?
- Muss man wirklich hart arbeiten, um etwas zu erreichen?
- Muss man wirklich lieb sein und geliebt zu werden?
- Muss man wirklich viel Geld haben, um glücklich zu sein?
- Sind nur schlechte Menschen reich?
- Muss ich lieb sein, um zu bekommen, was ich möchte?

Ich glaube, du weißt, worauf ich hinaus will und wirst bestimmt genauso wie ich grade schmunzeln, weil diese „Gedanken" wirklich nicht zu einem gesunden und glücklichen Leben beitragen.
Sie sind schlicht und ergreifend „Bullshit".

Brauche ich andere Menschen, um mich geliebt und beachtet zu fühlen?

Wenn dies der Fall ist, dann ist es für dich wichtig zu lernen, dich mit dir allein wohl zu fühlen und dies ist oft ein Thema, welches aus dem Mangel an Selbstwert und Selbstliebe entspringt.

Brauche ich die Aufmerksamkeit anderer Menschen oder ist mir meine Aufmerksamkeit mir gegenüber genug?

Das ist genau der Punkt.
Wenn man von sich selbst denkt, dass man andere Menschen braucht um glücklich zu sein, um sich geliebt zu fühlen, um sich nicht allein zu fühlen, dann ist man bedürftig und wird nur Menschen in sein Leben ziehen, die auch Bedürftig sind.
Es gibt Milliarden von Menschen auf diesem Planeten und jeder Mensch ist energetisch mit jedem Menschen verbunden.

Wie sollte man denn da allein sein?

Dies ist einfach nur ein falsches Denken.

Es ist wichtig von Zeit zu Zeit räumlich von anderen Menschen getrennt zu sein, um seine eigenen Kräfte wieder auf zu tanken.

Dies schafft man aber nicht, wenn man immer andere Menschen um sich herum hat.

Selbstliebe und selbstwert spielen bei dieser Thematik eine gravierende Rolle.

Hier solltest du dir die Frage stellen…

„Liebe ich mich bedingungslos und genug, um meine Zeit mit mir allein zu genießen"?

Solltest du diese Frage mit einem „Jain", „Vielleicht" oder „Nein" beantworten oder „Ich weiß nicht", dann ist es für dich höchste Zeit an deinem Selbstwert und an deiner Selbstliebe zu arbeiten.

Wer sich selbst liebt, „braucht" keine anderen Menschen. Brauchen ist Mangeldenken und dies ist keine Grundlage für ein gesundes und erfülltes Leben.

Ist es mir wichtig, was andere Menschen über mich denken?

Wenn es dir wichtig ist, dann solltest du dir die nächste Frage auch beantworten.

Warum ist es mir wichtig?

Wenn dein Nachbar oder deine Mitmenschen dir dein Leben finanzieren ist der Gedanken, dass diese Menschen für dich wichtig sind und was sie über dich denken berechtigt! Oder nicht?

Wenn dies wirklich der Fall ist, wäre die Frage eher, „Was kann ich dafür tun, um von anderen Menschen unabhängig zu sein"!

Es ist vollkommen egal, was andere Menschen denken. Deine eigenen Gedanken bezüglich dir und deiner Person, deines Lebens sind wichtig.

Es spielt keine Rolle, was dein Partner denkt oder die Kinder oder die Eltern, verwandten etc.

Deine Gedanken über dich sind wichtig, mehr nicht.

Wenn du in einer Beziehung unglücklich bist bleibst du ja auch nicht in der Beziehung, nur weil du dich fragst „Was könnten die Kinder, die Nachbarn, die Verwandten, die Öffentlichkeit von mir denken"?

Es gibt nichts schlimmeres, was an in einer Partnerschaft oder im Umgang mit anderen Menschen ihnen antun kann, als das einem anderen Menschen aus den falschen Gründen „ergeben" zu sein.

Das ist eine Opferrolle, die keinem Menschen gut tut und erst recht nicht, wenn Kinder im Spiel sind.

„Nur wer frei denkt, wird frei sein"!

Habe ich in meiner Kindheit genügend Aufmerksamkeit von meinen Eltern bekommen?

Haben dir deine Eltern oder Erziehungsberechtigten
zugehört?
Waren sie immer für dich da?
Hattest du das Gefühl, von ihnen verstanden zu werden?

Fühltest du dich in meiner Kindheit sicher und behütet?

Oder vielleicht sogar zu behütet?

Hatten meine Eltern vertrauen in dich und in deine Fähigkeiten?

Durftest du allein zur Schule gehen oder wurdest du hin
gebracht oder abgeholt?
Durftest du mal allein zu Hause bleiben?
Oder fühltest du dich in deinen Freiheiten eingeschränkt?

War es deinen Erziehungsberechtigen wichtig, dass du dich frei entfalten konntest?

Durftest du die Musik hören, die du wolltest?
Bekamst du genau die Geschenke, die du dir gewünscht
hattest?

Wurden meine Geschwister oder andere Menschen bevorzugt?

Oder haben sich deine Eltern scheiden lassen und du hast Stiefgeschwister bekommen?

Wo hattest du das Gefühl „nicht genug" zu sein?

Schulnoten? Sport? Haushalt? Geschwister? Freunde?

In welchen Themen hattest du das Gefühl versagt zu haben?

„Lieb sein", „brav sein", „sowie andere Kinder sein", etwas beweisen müssen usw....

Was wäre für dich das schlimmste, was passieren könnte?

Wieder von vorn anfangen?
Nicht „genug" Geld haben?
Das „Ansehen" in der Gesellschaft verlieren?
Dir Fehler eingestehen müssen?
Dir eingestehen zu müssen an einem Punkt in deinem Leben gescheitert zu sein?
Einen anderen Menschen um Vergebung zu bitten?

Wir sind alle nur Menschen und wir dürfen Fehler machen, wir dürfen traurig sein, wenn etwas nicht so geworden ist, wie wir es uns erhofft haben.

Wir dürfen auch mal ratlos sein und nicht wissen, wie es weiter gehen soll.

Das Wichtigste dabei ist es nur, zu erkennen, wieder auf zu stehen und weiter zu laufen.

Kein Mensch ist fehlerfrei und die Stärke liegt darin, sich seine Fehler ein zu gestehen und das Beste daraus zu machen.

Was wäre wenn ich alles was ich kenne verlieren würde?

Das ist dass, was die meisten Menschen nicht verstehen, bis sie es durchlebt haben und ein paar Jahre später reflektiert haben.

Alles zu verlieren ist wie ein Befreiungsschlag, durch den man die Chance bekommt sein Leben komplett neu auf zu bauen und aus zu richten.

So war es für mich, nachdem ich mein altes Leben reflektiert und hinter mir gelassen habe.

Wie würde ich mich fühlen, wenn meine Mitmenschen mich wirklich nie geliebt hätten?

Verraten? Allein? Nutzlos? Traurig?

Hier kommt das „Spiegelgesetz" zu tragen, denn alles, was wir selbst ausstrahlen bekommen wir zurück kredenzt.

Aber spielt es denn wirklich eine Rolle, ob wir von anderen Menschen geliebt „wurden"?

Dies ist eine Frage, die ich mal im Raum stehen lasse und die du dir ehrlich für dich beantworten darfst.

Wie würde ich mich fühlen, wenn all meine Mitmenschen mir ihre Meinung über mich sagen würden?

Sobald man sich von der Meinung anderer Menschen angegriffen oder verletzt fühlt, ist die ein Zeichen für den Mangel an Selbstwert und Selbstliebe.

Konstruktive Kritik ist immer hilfreich und für uns eine Chance zu lernen und uns als Menschen zu verstehen und so sollten wir dies auch sehen.

Siehst du dies auch so für dich?

Wäre es für mich wichtig, dass die Meinungen anderer positiv wären?

Die Meinungen anderer sind „unwichtig", denn deine Meinung über dich ist das, was andere über dich denken werden!

Denke positiv über dich und dein Umfeld wird dasselbe tun.

Wie würde ich mich ein halbes Jahr ohne den Kontakt zu anderen Menschen fühlen?

„Hältst du es ein halbes Jahr nur mit dir selbst aus"?

Wäre es für dich schlimm, den für mich wichtigsten Menschen in deinem Leben zu verlieren?

Dies ist ein Gefühl des „getrennt seins" und klar ist dieser Gedanke im ersten Moment nicht schön.
Aber wenn wir verstanden haben, dass wir niemals getrennt von einem anderen Menschen sein können und das wir einen anderen Menschen niemals verlieren können, weil er uns nicht gehört, wird sich dieses Denken und Fühlen wandeln und die Angst wird schwinden.
Dazu gehören aber auch der Selbstwert und die Selbstliebe dazu.
Wenn wir uns selbst lieben, ist es für uns normal glücklich mit uns selbst zu sein.
Wenn wir unseren eigenen Wert erkennen und leben, wird der „Verlust" kein Verlust mehr sein, sondern eine Erfahrung.

Hast du Angst davor, von anderen Menschen nicht geliebt zu werden?

Dies ist wieder der Aspekt des „Brauchens".
Brauchen wir wirklich die Bestätigung, dass wir von anderen Menschen geliebt werden?
Brauchen wir wirklich die Anerkennung anderer Menschen?
Ist es wirklich wichtig für uns und für unser Leben, dass wir geliebt werden?
Was hält uns davon ab, uns selbst zu lieben?
Nur wenn wir uns bedingungslos lieben sind wir in der Lage, andere Menschen lieben zu können und zwar jeden.
Auch den Nachbarn oder die Nachbarin, die uns über den Gartenzaun immer beobachtet oder der Nachbar, der uns immer unseren Parkplatz vor der Nase „wegnimmt".
Diese sind aber auch Spiegel, die uns unsere „Falschen Gedanken" wieder spiegeln…
Wer ein gesundes Selbstwertgefühl und eine gesunde Selbstliebe für sich entwickelt hat, dem ist es egal, ob er von anderen Menschen geliebt wird oder nicht.
Die Fülle der Selbstliebe wird jeden Bereich des Herzens geheilt haben und der Mangel an „Liebe brauchen" wird nicht mehr existent sein.

Wäre es schlimm dir ein zu gestehen, dass dein bisheriges Denken unvollständig war?

Glaubst du daran, dass es Menschen gibt, die dich so lieben, wie du bist und weil du so bist, wie du bist?

Erlaubst du es dir, deine Bedürfnisse wahr zu nehmen?

Glaubst du daran, dass du es Wert bist, geliebt zu werden?

Das du es verdient hast glücklich zu sein?

Fällt es dir schwer mit Kritik um zu gehen?

Auf welchen Gedankenfundamenten hast du dein Leben aufgebaut?

Wäre es so schlimm zu erkennen, dass nicht der Märchenfrosch auf dich wartet, der geküsst werden will?

Oder wäre es so schlimm zu erkennen, dass die Blumenfee doch die wahre Liebe ist und nicht die Hexe mit der bösen Stiefmutter?

Dies nur mal als kleine Parodie am Rande…

Viele Fragen und nur du kennst die Antwort, aber alle Antworten, die du auf diese Fragen findest, werden dich erkennen lassen, dass es Zeit wird, dich und deinen Selbstwert endlich zu erkennen und an zu nehmen.

Und genau so steht es mit der Selbstliebe.

Wie soll denn dein Leben erfüllt sein und mit Fülle gesegnet, wenn du nur Mangel denkst?

Und da liegt meistens der Hase im Pfeffer begraben,
denn oftmals glauben wir nicht an die Erfüllung unserer
Wünsche und haben uns von Herzen oft zu wenig
Gedanken gemacht.

Klar senden wir tausende Wünsche am Tag gen Himmel
und denken, dass wir glücklich sein werden, wenn sie
erfüllt worden sind.

Aber was passiert, wenn sie uns wirklich erfüllt werden?
Wie würdest du dich fühlen, wenn du eines Morgens
aufwachst und dein Prinz oder Prinzessin bringt dir
Frühstück ans Bett?

Würdest du dich von Herzen darüber freuen?

Wärst du glücklich darüber, dass er/ sie jetzt in deinem
Leben wäre?

Könntest du dir vorstellen, diesen Menschen nun „für
immer" an deiner Seite zu haben?

Könntest du bedingungslose Nähe zu einem anderen
Menschen zulassen ohne das Gefühl des „Brauchens" zu
verspüren?

Würdest du dich von Herzen über deinen Traumjob
freuen?

Glaubst du, dass du zu diesem Zeitpunkt diesem Job
gerecht werden kannst? Jetzt?

Könntest du damit umgehen, wenn morgen der Postbote
bei dir klingelt und dir einen Scheck über Zehn Millionen
überreicht?

Könntest du verantwortungsvoll damit umgehen und sozial agieren, für dich und für andere?

Sich etwas zu wünschen ist leicht, aber die tiefsten Herzenswünsche dabei wahr zu nehmen und ehrlich zu sich zu sein ist oftmals sehr schwer.

Und genau diese Themen, sind auch Themen der inneren Kind Thematik.
Wenn wir nicht „erwachsen" mit beiden Beinen im Leben stehen und die Wunden der Vergangenheit geheilt haben, wie sollen wir dann machtvolle Schöpfer unseres eigenen Lebens sein?

Hast du dir nicht auch schon mal etwas gewünscht und es kam nicht in dein Leben?
Kannst du dir vorstellen, dass der Grund dafür ist, dass die innere Kind Thematik nicht verarbeitet wurde?
Sie ist aber ein Teil davon und deswegen erwähne ich dies in dem Zusammenhang mit.

Hab ich nun wirklich noch Angst?

In den meisten Fällen ist am Ende die größte Angst die vor der eigenen Courage und die Angst davor wirklich glücklich zu sein.

Dies hält uns oft auch davon ab, die inneren Kind Themen zu bearbeiten und Frieden mit uns und unserer Vergangenheit zu schließen.

Denn am Anfang ist es die Angst, seine eigenen Schattenthemen zu beleuchten und sich selbst ein zu gestehen, dass das was man Jahre lang eingetrichtert bekommen hat und geglaubt hatte, einfach nur ein Trugschluss und Fehlinformationen waren.

Wie hätte man denn auf solchen Fundamenten eine solide Grundbasis aufbauen sollen?

Und es ist aber auch nicht die Schuld der Mitmenschen, sondern einfach nur ein Lernprozess, der für uns wichtig ist, um stärker aus allem heraus zu gehen.

Also, wovor müssen wir Angst haben?

Davor, dass unsere Träume wahr werden!

Es ist „Nur" der Mangel an Selbstwert und Selbstliebe, der uns unsere Wünsche nicht so erscheinen lässt, wie wir es haben wollen und genauso verhält es sich mit den inneren Kind Themen.

Wir haben Zweifel, Ängste, tragen Wut und Verzweiflung in uns, weil wir an unseren alten Glaubenssätzen fest halten und nie erkannt haben, dass wir wundervolle Schöpfer und Erschaffer in unserem Leben sind.

Wir haben uns oft die Liebe versagt oder die Wunder, welche wir uns doch so sehr gewünscht haben, weil unser inneres Kind zu verletzt war und nie verstanden hat, warum diese Verletzungen zustande gekommen sind, ganz geschweige davon, wie wir diese hätten bereinigen können.

Wir waren halt „Kinder" und viele Menschen sind es auch heute noch, nur dass sie nun laut Geburtsurkunde schon fünfzig oder siebzig Jahre alt sind.

Das ist auch nicht schlimm, denn es ist nie zu spät noch einmal neu anzufangen.

Es geht nur darum den Mut zu haben und den hast du, denn sonst hättest du dieses Buch nicht schon bis zu dieser Stelle gelesen.

Manche Dinge brauchen ihre Zeit.

Als ich anfing meine Vergangenheit zu bearbeiten habe ich mir auch immer Pausen gegönnt.

Dies ist auch ein Akt der Selbstliebe, zu erkennen, wann der Geist Erholung braucht und ihm diese zu gönnen.

Und so fing ich mal wieder an, in meinem Psychokasten namens Gehirn auf zu räumen und alles in Frage zu stellen, um meine letzten Zweifel und die inneren Kind Themen über Bord zu werfen.

Ich hatte mir angewöhnt immer alles auf Band zu sprechen oder auf zu schreiben, weil ich mit dem Schreiben am besten verarbeiten konnte.

Als ich alles aufgeschrieben hatte, nahm ich den Zettel, mein Feuerzeug, ging nach draußen und verbrannte ihn. Damit war das Thema für mich abgeschlossen.

So machte ich es sehr oft, wenn ich einen Wunsch hatte oder mit etwas abschließen wollte.

Manchmal zerriss ich auch den Zettel und warf ihn in den nahe liegenden Fluss oder vergrub ihn in meinem Garten. Oftmals besiegelte ich dies auch mit einem Ritual, aber da kann sich jeder seine Variante aussuchen.

Für die meisten Menschen reicht es schon, wenn sie ihre Dinge ihren „Sorgenpüppchen" erzählen oder ihrem geliebten Haustier.

Laut über etwas zu sprechen ist auch eine sehr wirkungsvolle Methode, die man aber, wenn man sie mit Menschen teilen möchte, nur mit denen teilen sollte, die einen Verstehen und denen man bedingungslos vertrauen kann.

Das ist eine meiner Schwächen, denn ich habe früher kaum einen Menschen so nah an mich heran gelassen, dass er mir hätte schaden können.

Das durfte ich lernen, aber das ist ein „Dualseelenliebe" Kapitel.

Suche dir einfach eine dieser Möglichkeiten aus, schreibe deine Themen auf und wirf sie dann einfach „über Bord".

Wenn es den Menschen noch gibt, zum Beispiel Mutter oder Vater, dann kannst du auch mit ihm persönlich reden.

Ich hab mit meiner Mutter auch viele Themen später noch einmal erörtert, über die ich zuvor nicht mit ihn reden konnte.

Manche Dinge brauchen halt ihre Zeit und die meisten Menschen werden mit zunehmendem Alter viel verständnisvoller.

Wenn du dies aber nicht kannst, dann wähle einen der anderen Wege.

Du wirst die Veränderungen in und an dir nach kurzer Zeit schon feststellen können.

Meine Ängste...???

Und genau hier beginne ich bei dem Thema, wie ich es geschafft habe, meine Themen zu beleuchten und zu heilen.

Ich erkläre dir alles in praktischen Beispielen, die du so für dich übernehmen kannst oder deine Themen einsetzen kannst.

Vielleicht ähneln sich auch manche Bereiche...

Die Angst, mir gegenüber zu Versagen.

Was sind meine Ängste?

Was für Erwartungen stelle ich denn an mich und
warum?
Sind es wirklich meine Erwartungen oder versuche ich
die Erwartungen anderer zu erfüllen?

Warum habe ich diese Ängste? Wo kommt die her?

Falsche Glaubenssätze. Es ist nicht meine Angst mir
gegenüber. Diese Angst richtet sich nach dem „Außen".

Was war der Auslöser dafür?

Der Glaubenssatz, dass ich nur etwas Wert bin, wenn ich
finanzielle Werte schaffe.

Was sind meine Gedanken darüber?

Ich bin bereit für ein Leben in Fülle, für mich selbst.
Ich hatte mir die Fülle versagt, weil ich mich immer mit
anderen verglichen hatte und nie bereit war, meine Fülle
zu akzeptieren.

Ich habe in meinem Leben schon so viel geschafft, wo andere schon lange dran zerbrochen wären.
Ich darf stolz auf mich sein und das Leben, welches ich erschaffen habe.
Ich bin stolz auf den Menschen, der ich bin.

Was wäre für mich das schlimmste, was passieren könnte?

Das ich die Fülle in meinem Leben annehme und aus meiner „Opferhaltung" heraus treten müsste.
Ich würde die „Sicherheit meiner Opferrolle aufgeben müssen".
Ist es wirklich eine Sicherheit?
Nein, nur ein gewohntes Gefühl, welches mich mein Leben lang begleitet hatte und welches ich jetzt in Liebe loslassen darf.

Warum wäre es so schlimm?

Ich würde erkennen, dass ich selbst die Schöpferin meines Lebens bin und könnte mich nicht mehr hinter diesem falschen Glaubenssatz verstecken.
Die Fülle würde wirklich zu mir kommen und ich dürfte sie bedingungslos annehmen.

Wie würde ich mich fühlen, wenn dies wirklich eintritt?

Ich würde mich glücklich und frei fühlen, unabhängig und stark. Ausgeglichen und zukunftsorientiert.

Hab ich nun wirklich noch diese Angst?

Nein, es war nur die Angst vor dem Ungewissen, was aber ein Trugschluss war.
Ich brauche keine Angst haben, denn das Ungewisse ist das, was ich nicht bewusst erschaffe.
Da ich aber nun bewusst erschaffe, kann ich diese Angst in Liebe gehen lassen.
Ich bin Angstfrei.

Die Angst, es allein nicht zu schaffen.

Was sind meine Ängste?

Die Angst Hilfe in Anspruch nehmen zu müssen.
Das Gefühl von Hilflosigkeit, keine Ziele haben.

Warum habe ich diese Ängste? Wo kommt die her?

Angst vorm Versagen, mir gegenüber.

Was war der Auslöser dafür?

Die Sehnsucht nach meiner Dualseele.

Was sind meine Gedanken darüber?

Ich habe bis jetzt alles in meinem Leben allein erschaffen und ich habe immer alles allein gemacht.
Ich wünsche mir einen Partner an meine Seite, der mir auch mal halt gibt und den Mut nach vorn zu sehen.
Ich habe mich in meinem Leben so oft „allein gefühlt" und durch die Liebe zu ihm hatte ich dieses Gefühl transformieren dürfen.
Es ist der Wunsch, ihn an meiner Seite zu wissen.
Ich vermisse ihn sehr.
Was ist ein Leben wert, ohne ihn… „schon wieder"…
Könnte ihm jemals ein anderer Mann gerecht werden?
Erlaube ich es mir wirklich glücklich zu sein???
Was erwarte ich von mir und meinem Leben?

Was wäre für mich das schlimmste, was passieren könnte?

Das ich es nicht schaffe, diese Sehnsucht zu transformieren.

Warum wäre es so schlimm?

Diese Sehnsucht ist ein Teil von mir und will einfach nur angenommen werden.
Sie darf da sein.
Ich hab einfach nur Angst, meine Gefühle zu zulassen.
Es ist der Gedanke, dass ich dann die Kontrolle verlieren würde.
Aber hab ich denn überhaupt Kontrolle über irgendwas?
Es ist nur mein Ego, welchen dies denkt.

Wie würde ich mich fühlen, wenn dies wirklich eintritt?

Ich würde es annehmen und damit leben.
Und dabei weiß ich, dass diese Sehnsucht immer ein Teil von mir sein wird.
Ich sehne mich nach diesem Menschen, weil ich ihn bedingungslos Liebe und er wohl der einzige Mensch ist, den ich je so lieben werde.
Aber ist das denn so schlimm?

Nein, es ist nur mein Ego, welches mir weiß machen will, das es falsch ist, seine verletzlichen Seiten offen zu legen und seine Gefühle offen zu äußern.

Warum sollte es denn falsch sein, einen Menschen zu lieben und warum sollte es falsch sein, diese Gefühle frei zu äußern

Ich weiß doch gar nicht, was die Zukunft bringt.

Ich weiß nur, was jetzt ist und genau darum geht es.

Im Hier und Jetzt zu leben.

Warum soll ich denn verletzlich sein, wenn ich authentisch bin?

Ganz im Gegenteil.

Dies zeigt meine Stärke und vor dieser Stärke brauche ich keine Angst haben.

Ganz einfach.

Hab ich nun wirklich noch diese Angst?

Ich bin ich und stolz darauf, mein authentisches sein leben zu können und ich darf dies auch so tun, wie ich es für richtig empfinde.

Davor brauche ich keine Angst haben, vor nichts und niemandem.

Die Angst mein Haustier nicht versorgen zu können

Was sind meine Ängste?

Mein Finanzkarma nicht auflösen zu können.

Warum habe ich diese Ängste? Wo kommt die her?

Diese Angst entspringt mittlerweile meinem überzogenen Sicherheitsdenken und dem Drang alles Kontrollieren zu müssen.

Was war der Auslöser dafür?

Der Wegfall meiner letzten sicheren Einnahmequelle? Nein!

Was sind meine Gedanken darüber?

Mein Denken über mich, dass ich mich selbst nicht in der Lage sah, für mich und mein Leben Verantwortung zu übernehmen!
Wie sollte ich so für jemand anderen die „Verantwortung übernehmen"?

Aber muss ich denn für jemanden die Verantwortung übernehmen, außer für mich selbst?

Und wenn ich die Verantwortung für mich übernehme, wie sollte es mir dann schwer fallen, für mein Haustier zu sorgen?

Was wäre für mich das schlimmste, was passieren könnte?

Ich müsste mir für einen kurzen Zeitraum Hilfe bei anderen Menschen suchen.

Wäre dies so schlimm?

Ja, weil ich auf andere Menschen nicht angewiesen sein möchte.

Ja, weil ich mir dann eingestehen müsste, dass ich einen Fehler gemacht habe.

Nein, weil es menschlich ist, die Hilfe anderer in Anspruch zu nehmen, solange es keine Ausbeute ist und das Geben und Nehmen im Gleichgewicht ist.

Das zeigt Stärke, sich selbst seine Fehler ein zu gestehen.

Was wäre denn so schlimm?

Nichts… Es ist nur mein Stolz und mein Ego, welche mir im Weg stehen!

Wie würde ich mich fühlen, wenn dies wirklich eintritt?

Ich wäre erleichtert und sehr zufrieden.
Was hält mich davon ab, mich jetzt schon so zu fühlen?
Nichts hält mich ab.

Hab ich nun wirklich noch diese Angst?

Nein, es war nur eine Illusion.

Die Angst, immer „auf der Straße" leben zu müssen und nie ein richtiges zu Hause zu haben.

Was sind meine Ängste?

Das ein anderer Mensch schlecht über mich denken könnte, weil ich so bin, wie ich bin.
Die Angst dem Unverständnisses anderer mir gegenüber.

Warum habe ich diese Ängste? Wo kommt die her?

Ich war schon immer eine Vagabundin und habe es nie lange an einer Stelle ausgehalten.
Aber als diese Angst hoch kam, hatte ich einen Menschen in meinem Leben, der mir alles bedeutete und der mich fragte, ob ich mir nicht langsam mal eine Wohnung suchen wollte.
Ich lebte seit der Trennung von meinem Expartner in meiner Gartenlaube und fühlte mich dort sehr wohl.
Ich liebte die Abgeschiedenheit und da ich so vieles noch nicht verarbeitet hatte, war dies der richtige Platz für mich.
Aber dies war auch mein Problem, denn mit einem festen Wohnsitz hätte ich mich auch wieder festlegen müssen an diesem Ort zu bleiben, mir eine andere Arbeit zu suchen um mehr Geld zu erwirtschaften und das hätte in diesem Moment nicht gepasst, denn ich war noch nicht so weit, mich auf etwas fest zu legen.
Ich wollte meinen Stiefel durch ziehen und erstmal wieder ein Licht sehen.
Aber ich liebte auch diesen Menschen und deshalb meinte mein Verstand, dass ich mich verbiegen müsste um ihm zu imponieren.
Ein bisschen kitschig, romantisch, aber mein emotionaler Untergang, denn dies hatte ich zuvor in meinen

Beziehungen immer getan und dies wollte ich nie wieder tun.

Nie wieder für einen anderen Menschen verbiegen, egal wie es ausgeht.

Was war der Auslöser dafür?

Und der Auslöser dafür war einfach nur das „Imponieren wollen", auch wenn ich es offensichtlich gar nicht wahrnahm. Dies bemerkte ich erst viel später.

Was sind meine Gedanken darüber?

Ich hätte es in dem Moment nicht besser machen können, denn es lag gar nicht in meiner Macht.

Ich hatte mit dem Imponieren wollen meine Macht abgegeben und dies musste ich erst verstehen lernen.

Ich weiß nicht, wann ich damit angefangen hatte, anderen Menschen etwas recht machen zu wollen und nicht mehr auf mich und mein Bauchgefühl zu hören, aber es lag schon viele, viele Jahre zurück.

Es war einfach meine falsche Denkweise.

Wenn ich mir selbst imponiere, schlägt sich dies auch auf mein Außen um und wenn er mich nicht so mag, wie ich bin, dann ist er nicht der Richtige für mich und hat mich nicht verdient. („Schwierige Einsicht")

Was wäre für mich das schlimmste, was passieren könnte?

Das Schlimmste, was passieren konnte war, dass ich es nicht schaffte diesem Menschen zu imponieren.
Aber hatte ich selbst mal darüber nachgedacht mir zu imponieren?
Mangelnder Selbstwert!
Ich wollte doch das Beste in meinem Leben, aber wie sollte ich dies bekommen, wertschätzen können, wenn ich mich selbst nicht Wert schätzte.
Es war eines meiner Selbstwertthemen und hier musste ich lernen los zu lassen.
Und das tat ich auch.

Warum wäre es so schlimm?

Es ist das Schwerste einen Menschen gehen zu lassen, wenn man ihn liebt, ganz besonders, wenn es die große, wahre Liebe ist.
Aber dies war wichtig für mich, um mich selbst zu finden und zu heilen.
Egal wie weh es tut, es gibt immer einen Weg.
Das schlimmste für diese Zeit trat ein, denn der Kontakt brach ab.

Aber was ich daraus lernen sollte war, dass ich mir selbst treu sein soll und das steigerte wieder mein Selbstvertrauen und mein Selbstwertgefühl.

Heute weiß ich, dass ich ihn zwar liebe, dass ich ihn aber nicht mehr brauche.

Der richtige Mensch kommt automatisch in mein Leben und versteht, dass ich der richtige Mensch für sein Leben bin.

Wie würde ich mich fühlen, wenn dies wirklich eintritt?

Ich habe zum heutigen Zeitpunkt wieder eine Wohnung und ich bin sehr dankbar dafür, aber diesen Weg durfte ich gehen und zu lernen. Er hat mich nicht glücklich gemacht.

Hab ich nun wirklich noch diese Angst?

Nein. Aber ich hab gelernt meine Ängste zu überwinden und nun hab ich sogar wieder fließend Wasser. Hat alles seine guten Seiten, wenn man sie sehen will…

Die Angst davor, nie einen Platz zu finden, wo ich hin gehöre.

Was sind meine Ängste?

Allein zu sein? War das wirklich meine Angst?

Warum habe ich diese Ängste? Wo kommt die her?

Ich hatte schon immer den Wunsch irgendwo dazu zu gehören.
Dies ist ein „Syndrom", welches sich entwickelt, wenn man immer auf sich gestellt war, nie beachtet wurde und nie die Anerkennung bekam, die man sich gewünscht hatte.
Dieses Gefühl entsteht in den Kindheitstagen, wenn einem die Eltern nicht zuhören und kein Vertrauen geschenkt habe.
Beliebte Sätze sind immer „Das ist nichts für dich", „Du bist noch zu klein",
„Das ist nur was für Erwachsene"... und so weiter.
Als Kind sieht man nicht, das auch die Eltern ihre eigenen Probleme haben und einem manchmal nicht den Halt geben können, den man sich wünscht und den ein Kind braucht.

Aber genau das verursacht diese Verhaltensstrukturen und den Mangel an Selbstwert.

Man versucht immer irgendwo dazu zu gehören und dies ist oft auch ein Punkt, wenn Kinder sich nicht angenommen fühlen, warum sie auf Abwege geraten und sich Menschen und Gruppen anschließen, die ihnen „nicht gut tun".

Was war der Auslöser dafür?

Mangelndes Selbstwertgefühl.

Was sind meine Gedanken darüber?

Zum heutigen Tag habe ich mein Selbstwertgefühl optimal aufgebaut.

Ich liebe es allein zu sein, meine Ruhe zu genießen, meine Gedanken lautlos schweifen zu lassen und frei von anderen Menschen zu sein.

Ich bin ein hoch sensibler Mensch und vertrage keine Lautstärke mehr um mich herum.

Dass ich auch einer der Gründe, warum ich mich in meiner Wohnung nicht wohl fühle.

Hier sind andere Menschen im Haus, die ich zwar liebe, aber die mir meine Kraft rauben.

Wovor habe ich nun mehr „Angst"?

Angst allein zu sein oder andere Menschen nicht ertragen zu können?

Ist es denn nun noch eine Angst?

„Nein".

Es war einfach ein falscher Glaubenssatz, der aus dem Mangel an Selbstliebe und Selbstwert entstanden ist.

Ich liebe es, allein zu sein.

Die Angst davor, immer diese Finanzachterbahn fahren zu müssen und nie ein stabiles Fundament zu haben.

Was sind meine Ängste?

Die Angst einem anderen Menschen nicht das geben zu können, was ich für ihn als angemessen empfinde.

Warum habe ich diese Ängste? Wo kommt die her?

Liebe und Sehnsucht sind zwei der stärksten Gefühle, welche es für mich gibt.

Wenn ich liebe, dann versuche ich für meinen Gegenüber alles zu tun, damit er sich an meiner Seite wohl fühlt.

Dies mag zwar bescheuert klingen, aber das war der Hauptpunkt.

Es war wieder mal ein falscher Glaubenssatz, basiert auf der Sehnsucht nach diesem einen Menschen, der sich in mir manifestiert hatte.

Aber das war nicht der einzige Punkt, denn zu dieser Zeit hatte ich mein Leben schon in allen Punkten reflektiert und ich kannte meine Schwachstellen und mein Leben war auch eine finanzielle Achterbahn.

Ich war oft so tief unten, dass ich den Erdkern hätte berühren können, aber ich war auch schon so weit oben, dass ich mir selbst schon einen Stern hätte fangen können.

Es war einfach der Glaubenssatz, für einen anderen Menschen nicht genug sein zu können und das Selbstwertthema.

Was war der Auslöser dafür?

Ich versuchte die Träume anderer zu realisieren, aber nie meine Eigenen. Mangel an Selbstwert.

Was sind meine Gedanken darüber?

Wenn ich für mich selbst sorgen musste fand ich immer einen Weg und klar, waren meine Wege oft holprig und eine Achterbahnfahrt währe wie ein Spaziergang gewesen.

Aber es ging doch um mich und darum, dass ich glücklich war.

Ich musste meine Eigenverantwortung erst einmal übernehmen und mir selbst ein guter Lehrer sein, bevor ich einem anderen Menschen ein Buch vorlesen konnte.

Und genau das war es.

Wenn ich selbst die Verantwortung für mein Leben übernehmen würde, könnte doch gar nichts schief gehen.

Und genau das half mir in meine Sicherheit zu kommen.

Was wäre für mich das schlimmste, was passieren könnte?

Das Schlimmste traf auch zweimal ein, denn das war meine Lernaufgabe.

Das Universum setzte mir immer Menschen und Situationen vor, in denen ich mich und mein Verhalten wieder gespiegelt sah, bis ich es kapiert hatte und meine Sachen ordnete, mich darum kümmerte und mir einen Plan zurecht legte, den ich auch umsetzte. Und wie von Zauberhand kam das Universum und half mir bei den weiteren Schritten.

Wie würde ich mich fühlen, wenn dies wirklich eintritt?

Ich war ab genervt, traurig, verzweifelt, wütend, aber all das half mir, diese Krise zu meistern und wieder stärker zu werden.

Hab ich nun wirklich noch diese Angst?

Nein, weil ich erkannt habe, dass ich aus jeder Herausforderung nur lernen kann, egal wie schwer sie ist und das Universum hilft auch immer, wenn es sieht, dass man es ehrlich meint.

Die Angst, für immer in diesem Haus fest zu sitzen und auf andere Menschen angewiesen zu sein

(Ich nahm mir zu diesem Zeitpunkt eine Auszeit bei meiner Familie und das Auto ging kaputt)

Was sind meine Ängste?

Es war weniger eine Angst, viel mehr eine kurze Aufgabe. Aber auch dies beschreibt es nicht wirklich, denn das Ereignis war einfach nur kurz überfordert.

Warum habe ich diese Ängste? Wo kommt die her?

Das Universum schenkte mir langsam meine Fähigkeit der Sensibilität für alles. Und genau das war der Punkt an dem ich lernen musste, meinen Gefühlen zu vertrauen und wirklich mich als oberste Priorität zu sehen.
Hellhören ist echt ein Geschenk, aber sehr Kraftraubend, wenn man grad erst lernt damit um zu gehen und den Prozess dafür durch macht, genauso, wie Empathie.
Dies war auch ein Punkt, warum ich schnell aus der Wohnung wieder raus wollte, weil es hier einfach zu laut war.
Das Symptom dafür war ein dauerhafter Tinnitus, der mich über einen Monat begleitete und den ich im Vorjahr bei meinem Selbstwert Thema schon kennen lernen durfte. Aber da kamen noch andere Spaßige Dinge auf mich zu, die ich noch lernen durfte.
Hierzu muss ich auch sagen, dass ich zwar aus meinem Dualseelenprozess schon raus war, aber meinen Gegenüber zu hundert Prozent spürte, in allen Bereichen, die ihn bewegten und das ohne zu ihm Kontakt zu haben. Ich spürte es einfach.
Aber auf dieses Thema gehe ich in meinem Karma Buch noch einmal drauf ein, damit du sehen kannst, wenn du mit einem Menschen in einem Seelenprozess steckst, wie du da am besten raus kommst und dies für dich lösen kannst..

Was war der Auslöser dafür?

Ich entdeckte meine neuen Fähigkeiten, was ich anfangs nicht verstand, aber auf dieses Thema gehe ich auch in meinem neuen Buch, welches in diesem Jahr noch erscheinen wird (2019) ein. Es geht darum „Krankheiten zu transformieren und dies ist auch ein spezieller Bereich davon.
Wenn du in einem Seelenprozess bist, wird dich dieses Thema auch begleiten und in meinem Buch „Krankheiten erfolgreich transformieren", beschreibe ich diese Vorgänge und was du tun kannst, um Tinnitus, Diabetes, Depressionen, Migräne und andere Krankheiten aufzulösen.

Was sind meine Gedanken darüber?

Immer, wenn man eine Aufgabe in seinem Seelenplan erfüllt hat, bekommt man ein Geschenk des Universums. Eines meiner Geschenke war die Gabe des Hellhörens, mit der ich grade noch lerne um zu gehen.
Es ist eine wundervolle Gabe und ich weiß auch, wofür ich sie bekommen habe, aber wie es mit allen Gaben ist, darf man auch erst lernen mit ihnen um zu gehen.
Und nun verstehe ich auch, warum es mir schwer fällt mit zu vielen Menschen in Kontakt zu sein.

Wenn mir die Welt zu laut wird habe ich jetzt meine Meditationen und Ohrstöpsel.
Aber ich lerne in diesem Punkt ja immer noch dazu ☺

Hab ich nun wirklich noch diese Angst?

Nein, es war nur ein Missverständnis …

Die Angst, schlechter als alle anderen zu sein

Was sind meine Ängste?

Meine mir antrainierten Lebensziele und Glaubenssätze nicht umsetzen zu können.

Warum habe ich diese Ängste? Wo kommt die her?

Einer der Glaubenssätze, der mir antrainiert wurde war, „Du bist so viel Wert wie das Geld, welches du nach Hause bringst" und „Je mehr du gibst, umso mehr wirst du Wert geschätzt".

Was war der Auslöser dafür?

Dieser, fest verankerte, falsche Glaubenssatz.

Was sind meine Gedanken darüber?

Ich habe den Wert, den ich mir selbst zu Messe und Geld ist nichts, mit dem man den Wert eines Menschen bemessen kann.
Aber meine Eltern wurden auch so erzogen und haben dieselben Glaubenssätze antrainiert bekommen.
Wie hätten sie es mir besser beibringen können?
Und „schlechter als andere Sein" ist auch eine völlig falsche Geisteshaltung.
Besser oder schlechter als wer?
Der Weihnachtsmann, der Osterhase oder Wer?
Ist man denn besser, wenn man jeden Tag einen Job nachgeht, den man nur tut, weil man " Geld erwirtschaften MUSS"?
Und welcher Mensch bestimmt denn darüber, was ich Muss?
Es ist doch meine freie Entscheidung, was ich tue und wenn ich Teller wasche oder putzen gehe ist das doch meine Entscheidung.
Solange ich damit glücklich bin ist es doch „egal" was ich dabei an Geld bekomme…
Dabei gehe ich jetzt nicht darauf ein, dass viele wichtige Jobs einfach zu schlecht bezahlt werden, aber es ist doch so.
Und welcher Mensch wird sich wohl einen höheren Wert zusprechen „können"?

Der Mensch, der glücklich mit sich ist und mit dem was er hat und tut oder der Mensch der viele „Werte" anhäuft und unglücklich ist?

Natürlich sollte jeder sich glücklich fühlen, aber es gibt kein muss.

Mein Hund kann besser rülpsen als ich.

Bin ich nun schlechter als mein Hund? …

„Was für eine Sinnlose Überlegung?!"

Aber genau das ist dieser Glaubenssatz auch. ☺

Es geht darum, für sich, mit dem was man macht und mit dem, wie man ist glücklich zu Sein und keiner Norm zu entsprechen, es sei denn, es ist die Eigene.

Was wäre für mich das schlimmste, was passieren könnte?

Es gab nichts.

Wie hätte ich denn schlechter oder besser als jemand anderes sein können?

Es gab ja noch nicht mal ein Vorbild.

Und selbst wenn es eines gegeben hätte, dann wäre es halt so gewesen.

Es war nur eines der alten Verhaltensmuster, welches mir Versagensangst suggerieren wollte, die aber zu keiner Zeit begründet war.

So etwas passiert aber auch, wenn man versucht sich an anderen zu Messen.

Immer auf den eigenen Teller schauen.

Was andere machen ist egal.

Warum wäre es so schlimm?

Selbst wenn ich in irgendeinem Bereich „Versagt" hätte, wäre dies doch ein Ansporn gewesen, wieder auf zu stehen und weiter zu kämpfen…

In jeder „Niederlage" steckt eine neue Herausforderung, die es zu meistern gilt.

Hab ich nun wirklich noch diese Angst?

Nein, es war nur ein falscher Glaubenssatz, den ich bereinigen durfte.

Die Angst, meine Dualseele nie wieder zu sehen

Was sind meine Ängste?

Eine Angst ist oft nicht die, die sie im ersten Moment zu sein scheint.

Oft verbirgt sich eine andere Angst oder Gedanke dahinter.

In dem Fall war es ein Gefühl, welches wir als „Sehnsucht" kennen, wobei es in Seelebprozessen echt eine neue Bedeutung bekommt.

Hierbei spielt es keine Rolle, ob es sich um einen Karmischen Partner, eine Zwillingsflamme, eine Twinflamme oder eine Dualseele handelt.

Warum habe ich diese Ängste? Wo kommt die her?

Weil ich lernen sollte, ihn „Los zu lassen" und meine Sehnsucht zu transformieren.

Was war der Auslöser dafür?

Die Gedanken an unser letztes Gespräch.
Rückzug, Kontaktabbruch, meine Lernaufgabe.

Was sind meine Gedanken darüber?

Dualseelen können sich niemals verlieren und" laut Universum war diese Trennung nicht vorgesehen".
Es ist nur eine Lernaufgabe und Karma Lösung.

Was wäre für mich das schlimmste, was passieren könnte?

Ich würde eine neue Entscheidung treffen müssen.

Warum wäre es so schlimm?

Ich würde wieder „Aufstehen müssen".

Wie würde ich mich fühlen, wenn dies wirklich eintritt?

Das kann nur die Zeit zeigen, aber in erster Linie galt es meiner Bestimmung zu folgen und mich meiner Berufung zu stellen.

Hab ich nun wirklich noch diese Angst?

Nein, weil ich meinen Weg gegangen bin.
Wenn wir unseren Weg gehen, werden wir erkennen, dass sich immer alles zu unserem Besten löst und ergeben wird.
Dies ist ein Lernprozess, den ich auch für mich erkennen durfte.

Die Angst davor mit meiner Dualseele nie diese Glückliche, vollkommene Liebe leben zu können

Was sind meine Ängste?

Mal eine Angst, die ich eins zu eins übernehmen kann, denn dies war eine wirkliche Angst, die ich transformieren durfte.

Warum habe ich diese Ängste? Wo kommt die her?

Die Liebe zu einem anderen Menschen, auch wenn er einem „nur" als Spiegel dienen soll, ist das größte Geschenk und die größte Herausforderung zu gleich. Und grade in einem Seelenprozess wirst du „bedingungslose Liebe" lernen, neu zu definieren.

Was war der Auslöser dafür?

Die einzig „wahre Liebe" zu einem anderen Menschen.

Was sind meine Gedanken darüber?

Es gibt kein schöneres Gefühl als das, einen Menschen wirklich von Herzen lieben zu können.

Aber genau dieses Gefühl macht einen verletzbarer und zeigt alle Licht und Schattenseiten auf.

Ich weiß nicht, wo mich mein Weg hin führen wird, aber ich weiß, wem mein Herz gehört und das es immer so sein wird.

Aber genau das war der Punkt an dem ich lernen durfte „mich damit ab zu finden", dass es so ist.

Wenn man einmal diesen besonderen Menschen kennen gelernt und „wirklich gesehen hat", weiß man, das ein keine größere Liebe je geben wird und da musste ich für mich eine Entscheidung treffen.

Es ging darum, ob ich es schaffen würde, einen anderen Menschen in mein Herz zu lassen.

Und die Antwort war für mich ganz einfach „Er oder Keiner".

Ich beschloss mich um meine Berufung zu kümmern, um meine spirituelle Lebensaufgabe und was in der Zukunft passieren würde, das wusste ich nicht, aber ich traf die richtige Entscheidung für mich.

Ich wusste, dass man nach einem Dualseelenprozess einen anderen Partner an die Seite gestellt bekommen würde und so war es auch, aber ich lehnte erstmal dankend ab.

Ich war in meiner Selbstliebe angekommen und genau darum ging es.

Ich kann heute nicht sagen, wie ich mich in einem Monat oder in einem Jahr entscheiden werde, aber ich entschied mich, meinen Weg erstmal allein weiter zu gehen und dies brachte mich meinen anderen Zielen näher und meinem Urvertrauen.

Was wäre für mich das schlimmste, was passieren könnte?

Das unser/ sein Karma nie gelöst werden wird?

Warum wäre es so schlimm?

„Ich kann leider nicht in meine Zukunft schauen"…

Wie würde ich mich fühlen, wenn dies wirklich eintritt?

Ich wünsche mir, dass er in seinem Leben und mit seinen Entscheidungen glücklich ist, so wie ich mit meiner Entscheidung.

Hab ich nun wirklich noch diese Angst?

Das beantwortet die nächste Frage.

Die Angst davor, allein zu bleiben

Was sind meine Ängste?

Die Angst davor Nähe zu zulassen.

Warum habe ich diese Ängste? Wo kommt die her?

In diesem Fall durfte ich mich noch einmal komplett hinterfragen und mir fielen die Antworten wie Schuppen von den Augen. Bindungsängste.

Was war der Auslöser dafür?

Die Angst davor meine wieder gewonnenen Freiheiten „wieder aufgeben" zu müssen.

Was sind meine Gedanken darüber?

Das war der Knackpunkt.
Es war nicht die Angst davor allein zu sein, denn ich genieße und liebe mein „allein sein".
Die wirkliche Angst war es, Nähe zu zulassen.
Was würde passieren, wenn es wirklich funktioniert?
Bin ich überhaupt gut genug für ihn?

Kann ich ihm überhaupt das bieten, was er braucht?

Könnte er mir meine Freiheiten lassen?

Wir sind doch absolute Gegensätze.

Aber was ist, wenn er meine Erwartungen nicht erfüllen kann?

Ist der Teufel wirklich so schwarz, wenn man ihn an die Wand malt???

Und genau das war es.

Der erste Mensch, der es schaffte in mir alle Zweifel und Ängste hervor zu holen ohne anwesend zu sein.

Echt irre.

Versagensangst, Verlustangst, Bindungsangst und so weiter.

Dabei war es nur mein Ego, welches mir diesen ganzen Mist einreden wollte.

Aber hier kam auch der „Dualseelenaspekt" richtig zum Tragen..

Waren das meine Ängste oder seine?

Was wäre für mich das schlimmste, was passieren könnte?

Das „Schlimmste" was passieren könnte wäre, dass wir uns als Menschen wirklich perfekt verstehen und alles passt.

In unserem Wesen sind wir absolut gleich.

Warum wäre es so schlimm?

Weil ich mein „Schwarzgemale" und meine ganzen
Vorurteile, Ängste über Bord werfen müsste und sagen
müsste, dass es doch nicht so schlimm und schmerzhaft
ist von Herzen lieben zu dürfen?

**Wie würde ich mich fühlen, wenn dies wirklich
eintritt?**

Vorsichtig, fröhlich, verlegen, keine Ahnung.
Wie soll ich eine Situation oder ein Gefühl beschreiben,
welches ich nicht kenne?

Hab ich nun wirklich noch diese Angst?

Nein, ich habe keine Angst davor von Herzen zu lieben,
denn das tue ich, egal wie es ausgeht.
Es war nur ein Mangel an Selbstliebe und Selbstwert, den
ich mir noch einmal vor Augen führen durfte und
transformieren.
Ich weiß, dass ich für ihn die perfekte Partnerin für jeden
Mann sein kann, aber ich weiß auch, was ich für mich
will und das durfte ich verstehen lernen.

Die Angst davor, einen anderen Menschen als meine Dualseele an meiner Seite akzeptieren zu müssen

Was sind meine Ängste?

Und diese Aussage war so treffend, das es schon wieder lustig war.
Es war ein Gedanke, der sich einschlich und mich ein wenig kirre machen wollte.
Was muss ich?
Gar nichts muss ich.

Warum habe ich diese Ängste? Wo kommt die her?

Meine Dualseele oder Keiner.
Das war meine Grundeinstellung und diese vertrete ich bis aufs Messer, weil ich einfach nicht „Loslassen" konnte.
Der Gedanke dazu mag richtig gewesen sein, aber die „Ausführung des Gedankens" war falsch.

Was war der Auslöser dafür?

Der Gedanke, wie ich mein Leben weiter führen wollte.
Allein oder mit einem Partner.

Was sind meine Gedanken darüber?

Ich kann meinen Grundgedanken und das Gefühl dazu sehr gut verstehen.

Da kann sich das Universum auf dem Kopf stellen und mit dem Arsch Fliegen fangen.

Aber genau das was der Fehlgedanke.

Die Aussage meiner Gefühle „Er oder Keiner" war richtig, aber meine innere Haltung war „Keiner", weil ich überhaupt nicht in der Lage war, mich zu dem Zeitpunkt überhaupt, einem anderen Menschen zu öffnen, geschweige denn, mich auf einen anderen Menschen ein zu lassen.

Das ist auch etwas, was man in einem Seelenprozess lernt.

Wenn man selbst nicht in der Lage ist, sich auf einen anderen Menschen ein zu lassen, wie soll denn ein anderer Mensch sich auf dich einlassen?

Klar, ich die Liebe zu diesem Menschen enorm und grad wenn es ein besonderer Seelenpartner ist und hier kommt das Gesetz des Echos zu tragen.

Aber in einem Dualseelenprozess ist dies noch viel verwirrender, denn da spielen noch viel mehr Komponenten eine Rollen und einer davon ist, dass du seine oder ihre Gefühle und Gedanken auch fühlen und spüren kannst und dann war auch für mich die Herausforderung, diese auseinander zu halten und verstehen zu lernen.

In dem Punkt ist es wichtig auf Träume zu achten, wenn man morgens mit einem Lied im Kopf aufwacht, hat dies eine Bedeutung, die Doppelzahlen und andere Hinweise, die einem das Universum schenkt haben ihre Bedeutung und diese darf man für sich verstehen lernen und umsetzen.

Aber eines ist auch wichtig und dies ist ganz einfach der Punkt, dass man niemanden zu seinem Glück zwingen kann und somit darf man auch in einem Seelenprozess oder danach für etwas Neues offen sein.

Und deshalb ist der Prozess des „Loslassens" so wichtig, weil man sonst nicht offen für etwas Neues ist und in seiner §negativen Energie bleibt.

Das wäre der falsche Weg gewesen.

Was wäre für mich das schlimmste, was passieren könnte?

Das mir das Universum einen anderen Seelenpartner zur Seite stellt.

Warum wäre es so schlimm?

Weil ich meinen eigenen Willen habe und ich einen anderen Menschen „noch nicht" akzeptieren könnte. **Wie würde ich mich fühlen, wenn dies wirklich eintritt?**

Ich bin momentan in der „glücklichen Lage" allein zu sein und finde es schön, meine Zeit für mich zu haben. Außerdem hab ich ja eine Seelengefährtin mit der ich super harmoniere.

Hab ich nun wirklich noch diese Angst?

Nein, weil ich mit mir im reinen bin und selbst entscheide, was ich will und wann ich es will.

Die Angst davor, meine Kontrolle auf zu geben

Was sind meine Ängste?

Kontrollverlust

Warum habe ich diese Ängste? Wo kommt die her?

Weil es für das Ego einfacher ist eine Situation zu kontrollieren, als seelische Verletzungen zu zulassen und damit zu heilen.

Was war der Auslöser dafür?

Mein Umzug in eine andere Stadt.

Was sind meine Gedanken darüber?

Ich habe mein Ego schon einmal transformiert, also schaffe ich dies auch ein zweites Mal.
Und diesmal endgültig. „Falsche Glaubenssätze", diesen Mal mit Karma Auflösung.

Was war die Aufgabe?

Ich bin ein Mensch, der sich immer aus den schwierigsten Situationen heraus geboxt hat, also schaffe ich es dieses Mal auch. Herz gegen Ego… Herz siegt immer.

Warum wäre es so schlimm?

Es würde seine Zeit brauchen.

Wie würde ich mich fühlen, wenn dies wirklich eintritt?

Befreit und gelassen.

Hab ich nun wirklich noch diese Angst?

In dem Fall kann ich sagen, dass man keine Angst davor haben braucht, weil es wirklich befreiend ist, die Kontrolle los zu lassen, aber es dauert seine Zeit und diese sollte man sich auch geben.
Es geht darum, wieder in sein Urvertrauen zu kommen und zu verstehen, dass im Universum alles geführt ist und zu unserem Besten geschieht.
Wenn wir er uns erlauben auf unser Herz und unser Bauchgefühl zu hören, schenkt uns das Universum alles, was wir brauchen und zeigt uns den für uns bestimmten Weg.

Die Angst davor, für ihn nicht genug sein zu können

Was sind meine Ängste?

Mit dieser Angst war ich zwar schon konfrontiert wurden, aber dieses Mal war der Aspekt ein anderer. Glaube ich denn, dass ich mir selbst nicht genug bin?

Warum habe ich diese Ängste? Wo kommt die her?

Mangelnder Selbstwert, Selbstbewusstsein und Selbstliebe.
In diesen Themen wurde ich oft getriggert.

Was war der Auslöser dafür?

Die „kleinen Abweichungen", die ich mir auf meinem Weg gönnte, indem ich auch mal in alte Verhaltensmuster zurück fiel, weil es mir manchmal schwer fiel, an mich zu glauben und das Wesentliche zu sehen..

Was sind meine Gedanken darüber?

Es ist alles ein Lernprozess und wenn man selbst für sich erkannt hat, wozu man wirklich in der Lage ist, welches Wissen in einem steckt und welchen Wert man sich selbst einräumt, kann man jede Hürde nehmen.

Was wäre für mich das schlimmste, was passieren könnte?

Das ich für mich nicht „genug" sein würde, denn dann könnte ich dies auch für keinen anderen sein.

Hab ich nun wirklich noch diese Angst?

Nein, es war nur ein kleiner Mangel an „Selbst Themen" und die Lernaufgabe, diesen noch einmal zu festigen.

Die Angst davor etwas falsch zu machen

Was sind meine Ängste?

Dies spiegelte die Angst, meiner Berufung zu folgen, mich authentisch zu zeigen, meine „Masken" fallen zu lassen und die Kontrolle los zu lassen.

Warum habe ich diese Ängste? Wo kommt die her?

Ich musste mich entscheiden einen neuen, unbekannten Weg zu gehen und alles hinter mir zu lassen, was ich kannte.
Freunde, Job, Wohnung, Dualseele, alle finanziellen Sicherheiten, alle „Sicherheiten" und dieser Schritt verlangte mir alles ab.

Was war der Auslöser dafür?

Die Angst vor dem Ungewissen.
Noch einmal komplett von vorn anfangen, ohne Job,
ohne Geld, ohne jegliche Menschen an meiner Seite.

Was sind meine Gedanken darüber?

Aber was ist schon „Gewiss".
Gewiss wäre ich in meinem alten Leben dahin vegetiert,
mit immer demselben, langweiligen Job und meiner
gewohnten Routine.
Aber das wollte ich doch durchbrechen.
Genau so ging es darum, alte Beziehungsmuster zu
erkennen und komplett zu verändern.
Ich wusste, dass mich mein bisheriges Leben nicht
glücklich machte, also war diese Veränderung
notwendig, auch wenn ich kein Ziel sah.

**Was wäre für mich das schlimmste, was passieren
könnte?**

Ich müsste mein Vorhaben als „Gescheitert" ansehen,
aber ich hätte es wenigstens probiert.

Warum wäre es so schlimm?

Es wäre schlimmer gewesen in meinem alten Leben zu verharren und nichts zu versuchen.

Wo war der Lernaspekt?

Nur wer neue Wege geht kann Fehler machen, aber Fehler sind da um aus ihnen zu lernen und weiter zu gehen.
Mein Weg war der Richtige.
Hab ich nun wirklich noch diese Angst?

Ich hätte eher Angst davor in mein altes Leben zurück zu kehren, als den neuen Weg weiter zu gehen?
Er hat sich als der einzig richtige Weg heraus gestellt.

Die Angst vor dem ungewissen

Was sind meine Ängste?

Es war wirklich die Angst vor dem ungewissen, aber es galt diese zu überwinden.
Eine Angst kann mehrere Auslöser und mehrere, dazugehörige Ängste haben, die unterschiedliche Fragen

aufwerfen, aber das Transformationsgebiet ist das gleiche.

Warum habe ich diese Ängste? Wo kommt die her?

Es ist klar, dass wenn man neue Wege geht, diese erst einmal etwas beschwerlich sind, aber wenn man sich auf den Fluss des Lebens einlässt, ebnet sich der Weg und man erkennt neue Möglichkeiten.

Was war der Auslöser dafür?

Verlustangst.
Aber was hatte ich schon zu verlieren?
Man kann im Leben nichts verlieren, wenn man erkannt hat, dass man, wenn man stirbt nichts mitnehmen kann.
Es geht darum Spuren zu hinterlassen und das gelernte und erlebte mit zu nehmen.

Was sind meine Gedanken darüber?

Ich brauchte keine Angst vor dem ungewissen haben, auch wenn ich das Ziel nicht sehen konnte.
Es war wichtig mich selbst neu auszurichten und in jedem Schritt, den wir gehen, verbirgt sich etwas wundervolles, was wir in Liebe annehmen dürfen.

Was wäre für mich das schlimmste, was passieren könnte?

An dem Ort zu bleiben, wo ich gewesen war und das ist nicht auf den Ort und die Menschen bezogen, sondern auf meine Denkweise und die Lebenssituation.

Wie würde ich mich fühlen, wenn dies wirklich eintritt?

Es ist ein schönes Gefühl einen neuen Weg zu beschreiten und sehr aufregend.
Genau dieses Gefühl hatte mir die ganzen Jahre gefehlt.

Hab ich nun wirklich noch diese Angst?

Man braucht keine Angst vor dem Ungewissen zu haben, nur davor, den Weg nicht gegangen zu sein.

Die Angst vorm Versagen

Die Angst vor dem Versagen ist nur eine Illusion, die uns unser Ego vorspielt.

Es ist die Angst vor „neuen" Verletzungen, aber ohne diese Verletzungen könnten wir nicht wachsen und es wäre unmöglich neue Wege zu gehen.

Die andere Seite davon ist auch, dass wenn wir uns transformiert haben, wir uns keine Verletzungen mehr zuziehen können, weil es Verletzungen nicht gibt.

Es ist nur eine Illusion, die dem Mangel an Selbstliebe, Selbstwert und dem „nicht Verstehen" des Lebens entsteht.

Manchmal sehen wir das Ziel noch nicht, aber es ist trotzdem da.

Wir müssen nicht verstehen, wo uns der Weg hin führt.

Wir brauchen ihn nur zu gehen und das Universum wird uns den Weg ebnen, wenn wir ihn mit Liebe und Respekt beschreiten.

Wir können nicht Versagen, denn es gibt keine Messlatte, an der wir uns messen könnten.

Das Versagen ist niemals in uns, sondern nur dass, was wir im Außen für messbar halten.

Je mehr wir unseren Weg gehen, umso mehr werden wir feststellen, dass wir beschützt sind und uns keine Sorgen machen brauchen.

Jeder Mensch hat eine einzigartige Fähigkeit, die in dieser Welt gebraucht wird.

Die Liebe und das Gefühl in uns zeigen uns den Weg.

Die Angst, mein authentisches „Ich" zu leben

Was sind meine Ängste?

Auch hier spielt uns das Ego einen Streich, denn es zeigt uns all unsere alten Verletzungen und versucht uns „in Sicherheit" zu wiegen.

Warum habe ich diese Ängste? Wo kommt die her?

Sicherheitsdenken… Aber was ist Sicherheit?

Was war der Auslöser dafür?

Alte Verletzungen

Was sind meine Gedanken darüber?

Nur wer bereit ist ein Risiko ein zu gehen wird es schaffen, seinem Herzensweg zu folgen und glücklich zu sein.
Es geht darum im Herzen glücklich zu sein, ohne die Dinge im Außen „wahr zu nehmen".
Das Ego stellt die Frage

„Hast du schon mal darüber nachgedacht, was andere Menschen über dich denken könnten"?
Der Verstand sagt
„Sie werden bestimmt schlecht über mich denken".
Die Seele sagt
„Warum machen ich mir Gedanken darüber, was andere von mir denken könnten"?
Das Herz sagt
„Gehen diesen Weg und frage dich, was du über dich denkst"!

Das ist nur ein kleiner Dialog, den sich unsere bewusstseinsebenen liefern und dann kommt noch ein Aspekt dazu, den wir am wenigsten beachten.
Was sagt unser Gefühl?
Ist es Liebe oder Angst?
Wenn es liebe ist, weißt du, dass dein Weg der Richtige ist.
Wenn es Angst ist, dann hinterfrage dich, wovor du Angst hast.
Meistens ist es die Angst davor glücklich zu sein.

Was wäre für mich das schlimmste, was passieren könnte?

Du könntest glücklich sein.

Wie würde ich mich fühlen, wenn dies wirklich eintritt?

Desillusioniert.

Hab ich nun wirklich noch diese Angst?

Ist es schöner seine Wahrheit zu leben oder in einer Illusion in der man unerfüllt und voller Zweifel ist? Angst--- Nein Danke!

Die Angst, dass meine Liebe nur eine Illusion war

Was sind meine Ängste?

Die Angst, wieder verletzt zu werden.

Warum habe ich diese Ängste? Wo kommt die her?

Der Spiegel der Erfahrungen.

Was war der Auslöser dafür?

Reflektion und Verarbeiten.

Was sind meine Gedanken darüber?

Wie sollte ein so wunderschönes und ehrliches Gefühl
eine Illusion sein?
Es ist nur die Angst sich einem Menschen wieder zu
öffnen und seine Wunden heilen zu dürfen.
Aber ist dies nicht das, was wir alle wollen?
Heilen, Lieben und geliebt werden?
So lange wir Angst davor haben unsere Gefühle zu leben
werden wir immer auf einer Stelle stehen bleiben, wo
unser inneres langsam aber sicher stirbt und die
Sehnsucht uns auffrisst.
Wenn wir es schaffen, uns unsere Wunden an zu sehen
und diese in Liebe an zu nehmen, so können sie heilen
und die schönsten Aspekte in unserem Leben zum
Blühen bringen.
Nur so kann Heilung geschehen und wahre Liebe, wahres
Glück in unser Leben fließen.

**Was wäre für mich das schlimmste, was passieren
könnte?**

Ich könnte glücklich sein.
Und es mag wirklich komisch klingen, aber dies ist
wirklich oft die wirkliche Angst, die dahinter steckt.

Meist versagen wir es uns selbst glücklich zu sein oder wir suchen irgendeinen Grund im Außen, der grade nicht zu unserer „Vorstellung" passt.

Warum wäre es so schlimm?

Weil unser Verstand durch unsere Erfahrungen nicht auf „Glücklich sein" programmiert ist, sondern eher darauf unsere Wunden an zu sehen, anstatt diese an zu nehmen und zu heilen.
Kein Mensch ist so, wie ein anderer und nur weil wir einmal schlechte Erfahrungen gemacht haben, wird es beim nächsten Mal nicht genau so sein.
Wenn wir uns geheilt haben, wird der/die „richtige Partner/in" alle Schattenseiten unserer Vergangenheit wegwischen und uns die Schönheit der Liebe zum ersten Mal wirklich erkennen lassen.
Aber dazu gibt es noch einen anderen Aspekt, denn diese Liebe beginnt zuerst in uns selbst.

Die Angst, wieder verletzt zu werden

Was sind meine Ängste?

In dem Punkt gehe ich mal nicht auf das Thema Angst ein, sondern auf den Aspekt des „Selbst".

Wirkliche Verletzungen können wir nur uns selbst zufügen.

Kein anderer Mensch ist in der Lage dazu uns weh zu tun, es sein denn, das wir dies zulassen.

Es ist nicht die Angst, dass ein anderer im Außen uns verletzen könnte.

Es ist der Aspekt, dass wir unsere alten Verletzungen noch nicht verarbeitet haben und nicht authentisch in unserem Leben präsent sind.

Wenn wir unsere Verletzlichkeit sehen, annehmen und verarbeiten, werden wir dann noch Verletzungen „spüren" können?

Es gäbe keine mehr.

Unsere Mitmenschen sind nur unsere Spiegel.

Sie zeigen uns nur, welche Verletzungen wir in uns tragen und heilen dürfen.

Was war der Auslöser dafür?

Falsche Glaubenssätze

Was sind meine Gedanken darüber?

Selbstwert und Selbstliebe aufbauen und alte Verletzungen heilen.

Die Angst, meine Schwächen alle zu sehen

Und dies ist einer der wichtigsten Punkte, denn wie will man Licht sehen, wenn man den Schatten nicht gesehen hat und annehmen kann.
Wir alle tragen Licht und Schattenseiten in uns und es gilt diese zu erkennen und an zu nehmen.
Warum darf man denn nicht auch mal wütend sein oder traurig.
Es sind alles Emotionen, die zu uns als Menschen dazu gehören und angenommen werden wollen.
Natürlich geht es in erster Linie darum, diese Aspekte für sich selbst zu erkennen und an zu nehmen.
Es geht nie darum, dass man auf einen anderen Menschen wütend ist, sondern in erster Linie immer auf sich selbst.
Meist versteht man dann auch, dass hinter dem Gefühl der Wut eine Traurigkeit über eine andere Situation sitzt.
Wenn man dies erkennt hat, muss man sich der Illusion entziehen, von Herzen streiten zu können, denn dies wird dann nicht mehr möglich sein.
Das ist nun mal so.
Aber genau dies ist es, worum es geht.

Klar sind wir gern am Diskutieren, Philosophieren und Kommunizieren und das ist auch gut so.
Aber es wäre und ist nicht mehr möglich einen anderen Menschen für seine eigenen Denkstrukturen verantwortlich zu machen.
Wäre das nicht „schrecklich" ☺

Die Angst sich einem anderen Menschen zu öffnen

Und auch diese Angst beleuchte ich mal aus einem anderen Aspekt heraus.
Es ist nicht die Angst, sich einem anderen Menschen nicht öffnen zu können.
Es ist die Unfähigkeit, sich deinem selbst und dem Leben zu öffnen.
Und dies ist auch nicht negativ zu sehen, sondern eine Feststellung.
Man kann Lieben so viel, wie man will.
Man kann sich diesen einen besonderen Menschen an seine Seite wünsche, so oft wie man will.

Man kann Visualisieren und Meditieren so viel es geht. Wenn die innere Bereitschaft dazu fehlt sich selbst zu öffnen, wie soll man dann einen anderen Menschen in sein Leben ziehen.

Wenn man Angst davor hat verletzt zu werden, wie will man dann lieben können?

Wenn man Angst davor hat authentisch zu sich selbst zu sein, wie will man dann authentisch anderen Menschen gegenüber treten?

Wenn man Angst davor hat sich als Mensch und seine Bedürfnisse wahr zu nehmen, wie will man dann jemals glücklich sein?

Dies gilt für alle Bereiche des Lebens und dies ist auch das wichtigste.

Oftmals übersehen wir unsere eigenen Gefühle und strahlen unbewusst das Gegenteil von dem aus, was wir haben wollen.

Wir sehnen uns nach einer perfekten Partnerschaft und wenn sie an die Tür klopft können wir sie meist nicht annehmen, weil wir unsere Angst davor wieder verletzt zu werden oder unsere Masken fallen zu lassen, noch nicht überwunden haben.

Wir sehnen uns danach viel Geld zu haben und oftmals verhindern wir den Reichtum in unserem Leben damit, das wie Mangel denken.

Ich kann mir einen Hocker wünschen, aber wenn ich Sofa fühle, wird das Sofa erscheinen und nicht der Hocker.

Es fällt uns oft schwer unser Denken und Fühlen in Einklang zu bringen und dies gilt es immer zu hinterfragen.

Was fühle ich?

Ist es Liebe oder Angst?

Aber „Angst frisst Verstand und Verstand frisst Herz".

Klar kann ein Wunsch enorm groß sein, aber wenn das Gefühl „noch Angst" und kein vertrauen hat, wird es zum einen schwierig sein, diesen Wunsch um zu setzen oder er wird sich erfüllen und man wird damit nichts anfangen können.

Deshalb ist es wichtig in seiner Selbstliebe, in seinem Selbstvertrauen zu sein.

Dann wird aus der Angst, Liebe und man wird sich bedingungslos einem anderen Menschen öffnen können.

Die Angst davor, etwas falsch zu machen und meiner Berufung nicht zu genügen

In diesem Punkt ist die Angst wie ein blinder Fleck.

Als ich meine Berufung erkannte, verursachte diese Herausforderung eine „kleine Angst" in mir, weil ich diese Aufgabe als so mächtig ansah, dass ich nicht vermochte, dieser gerecht werden zu können.

Aber diese Angst war unbegründet, denn als ich anfing meinen Weg zu gehen erkannte ich, dass mir das Universum jede erdenkliche Hilfe zu Teil werden ließ. Es ist nur der erste Schritt, den wir gehen müssen, um alles weitere erkennen zu können.

Diese Angst ist unbegründet, weil die Kraft in jedem von uns steckt und nur entfacht und gelebt werden will. Alles andere kommt von allein.

„Habe Mut deinen Weg zu gehen und jede erdenkliche Tür wird die aufgetan, damit du den Schatz dahinter sehen und bekommen kannst".

Auf die nächsten Punkte werde ich genauer eingehen, denn damit möchte ich dir zeigen, wo der Ursprung unserer falschen Glaubenssätze liegt, wie sie sich durch unser Leben geschlichen haben und wie du diese verändern kannst.

Die Angst davor zu sehen, wer wir wirklich sind

Schon in unseren Kindheitstagen wurden uns Dinge eingeredet, die uns unser ganzes Leben lang begleitet haben.

Viele von diesen Glaubenssätzen spiegeln sich in unseren Beziehungen wieder, in unserem verhalten, in unseren Ängsten, Gefühlen wie Wut, Trauer, Verzweiflung und so weiter.

Dies sind zwar „natürlichen Gefühle", aber keine Gefühle, die unserem Wesen entsprechen.

Ein Thema, welches jeden Menschen in seinem Leben mindestens ein Mal begegnet ist die Verlustangst.
Die Angst davor seinen Job zu verlieren, einen geliebten Menschen, Besitztümer oder seine Identität.

Wo kommen diese Ängste her?

Die meisten Ängste, die sich im Laufe unseres Lebens aufbauen, entsprangen in unserer Kindheit.

Oft sagten unsere Mitmenschen so etwas wie „Sei sparsam", „Wir haben nicht viel".

„Liebe muss man sich verdienen", „Man bekommt keine Liebe geschenkt".

„Geld muss hart erarbeitet werden", „man bekommt nichts umsonst".

„Ehrliche Menschen gibt es nicht", „alle haben Dreck anstecken".

oder wie zum Beispiel einer der Glaubenssätze, der mir antrainiert wurde

„Du bist nur das Wert, was du finanziell mit nach Hause bringst"- „Der Hauptverdiener ist am meisten Wert".

Aber stimmen diese Glaubenssätze wirklich?

Kann man die Liebe eines Menschen mit Geld aufwiegen?
Kann man den Wert eines Menschen an Finanzen aufwiegen?
Kann Geld wichtiger sein als ein Tier oder Menschenleben?
Muss man wirklich sparen, weil es nicht genug gibt oder ist es nur die falsche Denkweise, die nicht mehr Fülle im Leben zulässt?

Muss man sich Liebe wirklich „verdienen"?

NEIN!

Liebe bekommt man geschenkt.
Man kann sich keine Liebe verdienen!

Muss man wirklich für Geld hart arbeiten?

NEIN!

Geld kommt leicht und häufig, wenn man dies zulässt.

Ist man wirklich nur das „Wert", was man erwirtschaftet?

NEIN!

Jeder Mensch hat dem Wert, den er sich selbst zugesteht!

Und so könnte ich die Liste beliebig weiter führen.
Es ist nur unser „Mangeldenken", welches uns so bequem in all den Jahren begleitet hat, weil es durch falsche Glaubenssätze zu unserer Realität geworden war.

Und wenn wir uns diese Gegensätze anschauen sehen wir, dass dies keine Gedanken der Liebe sind, sondern des Mangels und der Angst.
Aber die Liebe kennt keinen Mangel.
Die Liebe kennt Verständnis, Herzlichkeit, Vertrauen, Großzügigkeit, Freude, Leichtigkeit und alle Gefühle, die verbindend sind.

Oft gab es in unserer Kindheit Situationen, wie zum Beispiel die, dass unsere Mitmenschen uns nichts zugetraut haben.

Dies führte dazu, dass wir uns in unserem späteren Leben oft nichts oder nur sehr wenig zugetraut haben.

Dies ist ein Zeichen des Mangels an Vertrauen zu uns selbst und in unsere Fähigkeiten.

Und dies wiederum schmälerte unser Gefühl an Selbstliebe, Selbstwert, Selbstvertrauen und Selbstbewusstsein.

Auch der Verlust von Menschen, die wir geliebt haben, hat uns in unserem weiteren Leben eine Verlustangst gezeigt, die sich in unserem Leben als Eifersucht wieder gespiegelt wird.

Wenn wir es also schaffen, diese Gefühle in uns wieder zu erwecken, würden diese falschen Glaubenssätze automatisch verschwinden.

Und dazu ist es notwendig, diese Situationen aus unserer Kindheit zu finden und zu transformieren?

Dies ist eine Möglichkeit, aber die schwerere von beiden.

Die einfachere Methode ist einfach die Situation erst einmal an zu nehmen, wie sie jetzt ist und zu akzeptieren.

Des Weiteren stellt man sich die Frage,

„Wo kommt das Gefühl her, welches ich mit dieser Situation verbinde und was war der Auslöser"?

Ist es wirklich mein Glaubenssatz oder einer, den ich von meinen Mitmenschen übernommen habe?

Wer und wie möchte ich sein?

Was möchte ich über die Situation und über mich glauben?

Was fühle ich zu dem Gedanken, denn ich jetzt glauben möchte?

Fühlt sich der Gedanke gut an?

Neuen Glaubenssatz erschaffen, alte Wunden geheilt.

Bibliografische Information der Deutschen Nationalbibliothek:
Die Deutsche Nationalbibliothek verzeichnet diese Publikation
in der Deutschen Nationalbibliografie; detaillierte bibliografische
Daten sind im Internet über dnb.dnb.de abrufbar.

Herstellung und Verlag: BoD – Books on Demand, Norderstedt

ISBN 978-3-7481-4905-7